Michael Stangl

Praktische Anwendung von Lean Six Sigma - Analyse und V

I0013691

Michael Stangl

Praktische Anwendung von Lean Six Sigma - Analyse und Vergleich ausgewählter Fallstudien

GRIN Verlag

Bibliografische Information der Deutschen Nationalbibliothek: Die Deutsche Bibliothek verzeichnet diese Publikation in der Deutschen Nationalbibliografie; detaillierte bibliografische Daten sind im Internet über http://dnb.d-nb.de/ abrufbar.

1. Auflage 2010
Copyright © 2010 GRIN Verlag
http://www.grin.com/
Druck und Bindung: Books on Demand GmbH, Norderstedt Germany
ISBN 978-3-640-88978-5

Universität Regensburg

«Praktische Anwendung von Lean Six Sigma – Analyse und Vergleich ausgewählter Fallstudien»

BACHELORARBEIT

zur Erlangung des akademischen Grades

Bachelor of Science in Wirtschaftsinformatik

an der

Universität Regensburg

Eingereicht am Lehrstuhl für Wirtschaftsinformatik III,

insbesondere Business Engineering

von: **Stangl**, Michael

Regensburg, im August 2010

Inhaltsverzeichnis

Abbildungsverzeichnis

Tabellenverzeichnis

Abkürzungsverzeichnis

bspw.	beispielsweise
bzw.	beziehungsweise
ca.	circa
CHF	Schweizer Franken
CTQ	Crititcal to Quality
DFSS	Design for Six Sigma
DMADV	Define, Measure, Analyze, Design, Verify
DMAIC	Define, Measure, Analyze, Improve, Control
DMEDI	Define, Measure, Explore, Develop, Implement
ESSC	European Six Sigma Club
GBP	Britische Pfund
GE	General Electric
Hrsg.	Herausgeber
Mio.	Millionen
MIT	Massachusetts Institue of Technology
Mrd.	Milliarden
o. J.	ohne Jahresangabe
QM	Qualitätsmanagement
S.	Seite
USD	US-Dollar
vgl.	vergleiche
VOC	Voice of the Costumer
z. B.	zum Beispiel

1. Einleitung

Zunächst wird in diesem einleitenden Abschnitt der Arbeit erläutert, warum Unternehmen sich veränderten Bedingungen auszusetzen haben. In Kapitel 1.2 wird erklärt, welches Problem diese Arbeit versucht zu lösen. Um einen Überblick über diese Bachelorarbeit zu geben, wird anschließend der Aufbau der Arbeit vorgestellt und begründet, warum dieser derartig gewählt wurde.

1.1 Einführung

Unternehmen sehen sich in der heutigen Zeit einem hohen Druck ausgesetzt. Zum einen wächst die Weltwirtschaft immer enger zusammen. Dies hat zur Folge, dass sich der Konkurrenzkampf nicht mehr nur auf eine bestimmte Region beschränkt. Betriebe aus der ganzen Welt stehen durch z. B. verbesserte Informations- und Kommunikationsmöglichkeiten im Wettbewerb zueinander. Ein weiteres Beispiel für den steigenden Wettbewerb ist, dass die Produktlebenszyklen immer kürzer werden. Die am Markt befindlichen Waren werden also schneller durch neue ersetzt und sind in einer kürzeren Zeitspanne veraltet. [Thode 2003, S. 25]

So müssen Unternehmen für eine hohe Qualität ihrer Produkte und einen optimalen Einsatz ihrer Ressourcen und Mitarbeiter sorgen. Durch hohe Produktqualität kann ein Unternehmen in Zeiten der Globalisierung Wettbewerbsvorteile erreichen. Hohe Qualität in Produkten und Prozessen stellt somit eine gute Möglichkeit dar, sich von der Konkurrenz abzuheben [Dahm/Haindl 2009, S. 7].

Zunächst soll jedoch knapp die Bedeutung der Begriffe „Qualität" und „Qualitätsmanagement" geklärt werden. Der Ausdruck „Qualität" stammt von dem lateinischen Wort „Qualitas" ab und beschreibt eine charakteristische Beschaffenheit bzw. den Zustand einer Sache [Stowasser et al. 1998, S. 421].

Um hohe Qualität im Unternehmen zu erreichen, haben sich in der Praxis einige Qualitätsmanagement (QM)-Methoden etabliert. Dies sind Ansätze, um die Qualität der Produkte bzw. Geschäftsprozesse innerhalb eines Unternehmens dauerhaft zu verbessern oder aufrechtzuerhalten.

Zwei dieser Methoden, die zunehmend an Bedeutung gewinnen, sind Lean Management und Six Sigma. Nach [Dahm/Heindl 2009, S. 101] zählen diese beiden QM-Methoden zu den bedeutendsten Konzepten der strategischen Unternehmensführung der letzten Jahrzehnte.

1.2 Problemstellung

Lean Management und Six Sigma sind zwei eigenständige QM-Methoden, die aber kombiniert angewandt werden können. Die Kombination der beiden Methoden wird als Lean Six Sigma oder Lean Sigma bezeichnet. Beabsichtigt ein Unternehmen Lean Six Sigma einzusetzen, kann es auf eine Vielzahl von Techniken und Werkzeugen der beiden einzelnen QM-Methoden zurückgreifen. Deshalb gibt es eine hohe Anzahl an verschiedenen Möglichkeiten, Lean Six Sigma im Betriebsumfeld umzusetzen.

Diese Ausarbeitung zielt nun darauf ab, den Einsatz von Lean Sigma in der Praxis zu untersuchen. Dazu werden Fallstudien analysiert, die den Einführungsprozess und die Verwendung von Lean Six Sigma in Unternehmen beschreiben. Anhand von Vergleichskriterien werden diese Beispiele aus der Praxis einander gegenübergestellt. So soll geklärt werden, ob Ähnlichkeiten beim Einsatz von Lean Six Sigma in den einzelnen Betrieben erkennbar sind. Weiterhin soll geprüft werden, wie sich das Verhältnis aus den beiden Methoden zusammensetzt. Wird eine Methode von der anderen dominiert oder bestimmen Lean Production und Six Sigma gemeinsam den Prozessablauf? Der Vergleich der Fallstudien soll helfen, diese Fragen zu klären.

1.3   Aufbau der Arbeit

Nach der knappen Einführung, in der die zunehmende Bedeutung von Qualität angesprochen wird, folgt die Problemstellung. In Kapitel 2 wird die QM-Methode Lean Management beschrieben. Der Beitrag zur Entstehung dieser Methode soll dazu dienen, die Wurzeln dieses Ansatzes zu beschreiben. Bei den Grundlagen von Lean Management liegt der Fokus auf den sieben Arten von Verschwendung. Zum Abschluss des Kapitels 2 werden in Abschnitt 2.3 die Vorgehensmodelle von Lean Management aufgeführt. In Kapitel 3 folgt die Erläuterung der QM-Methode Six Sigma. Bei der Vorstellung von Six Sigma ist der Aufbau ähnlich zu Lean Management gewählt. Der simultane Aufbau soll dazu beitragen, zunächst ein theoretisches Grundverständnis der beiden QM-Methoden zu schaffen. Nach der Erklärung der Bedeutung des Namens von Six Sigma, folgt in Abschnitt 3.1 die Klärung der Herkunft der Methode. Daraufhin werden einige Grundlagen von Six Sigma aufgeführt. Abschließend folgt die Beschreibung der Vorgehensmodelle dieses Konzepts. In Kapitel 4 wird Lean Six Sigma vorgestellt. Zur Beschreibung dieses Ansatzes werden die Gemeinsamkeiten und die Unterschiede der Methoden Lean und Six Sigma genannt. Um die Fallstudien über den Einsatz von Lean Six Sigma analysieren zu können, werden in Abschnitt 5 zunächst Vergleichskriterien definiert. Diese werden in allgemeine und methodenspezifische Merkmale untergliedert. Die Evaluation der Fallstudien folgt in Kapitel 6. Nach der Klärung der Herkunft der Fallstudien werden diese anhand der zuvor definierten Kriterien miteinander verglichen. Dies ermöglicht eine Auswertung der Praxisbeispiele in Kapitel 6.3. Diese Arbeit wird in Kapitel 7 mit einer Zusammenfassung des Lösungsansatzes und einem Ausblick über die weitere Entwicklung von Lean Six Sigma abgeschlossen.

2.   Lean Management

Lean Production beschreibt eine schlanke Prozessorganisation in einem Unternehmen. Der Begriff „lean" stammt aus dem Englischen und bedeutet etwa „schlank" oder „knapp". Wird dieses Konzept von der Unternehmensführung aufgenommen, spricht man deshalb oft von Lean Management. Dieser Begriff bezieht sich dann nicht nur auf die Art der Produktion, sondern wird als unternehmensweite Philosophie verstanden.

Im folgenden Teilabschnitt dieser Arbeit wird zuerst auf die Entstehung des Lean Managements eingegangen, gefolgt von den Grundlagen dieses Konzepts. Abschließend werden einige Vorgehensmodelle von Lean Management behandelt. Dadurch soll ein theoretisches Verständnis für die spätere Auswertung der Fallstudien geschaffen werden.

2.1   Entstehung von Lean Management

Der Ansatz des Lean Managements wurde in den 1950er Jahren vom japanischen Automobilhersteller Toyota entwickelt. Seit dieser Zeit wurde das Konzept stetig weiterentwickelt und verbessert. Dieser Ansatz zur Verbesserung der Geschäftsprozesse wurde ursprünglich als Produktionssystem entwickelt. Lean Management ist nach Expertenmeinungen ein Hauptgrund, warum Toyota eine führende Rolle in der Automobilindustrie einnimmt. [Töpfer 2008, S. 28]

Der Name Lean Production entstand Anfang der 1990er durch eine Studie des Massachusetts Institue of Technology (MIT). Die Forscher der amerikanischen Elite Universität Womack, Jones und Roos prägten den Begriff des Lean Production im Rahmen einer Studie, in der sie die Erfolgskonzepte japanischer Automobilhersteller mit westlichen Unternehmen dieser Branche verglichen. [Gendo/Konschak 1999, S.51]

Ursprünglich stammt Lean Management bzw. Lean Production aus der japanischen Automobilindustrie, ist jedoch mittlerweile in allen Unternehmen und Branchen anwendbar und beschränkt sich nicht mehr nur auf den asiatischen Raum [Womack/Jones 2006, S. 15].

2.2 Grundlagen von Lean Management

Die Frage, warum diese QM-Methode als schlank bezeichnet wird, beantworten Womack, Jones und Ross treffend in ihrem ersten Werk über das Lean Konzept. Demnach wird in diesem Ansatz die Anzahl an verschiedenen Faktoren, die zur Produktion benötigt werden, gesenkt. Im Vergleich zur Massenproduktion wird bei Lean Production bspw. nur noch die Hälfte des Arbeitsaufwandes oder des Lagerbestandes benötigt. [Womack et al 1990, S. 13]

Hier ist es also oberstes Ziel, die Prozesse im Unternehmen so schlank wie möglich zu gestalten. Dies soll bezwecken, dass die Prozesse schnellstmöglich durchlaufen werden können. Grund hierfür ist, dass langsame und fehlerhafte Abläufe im Unternehmen häufig mit hohen Kosten verbunden sind [George 2002, S. 30]. Deshalb sollen jegliche Arten von Verschwendung identifiziert und beseitigt werden. Dies führt wiederum dazu, dass die Durchlaufzeiten verkürzt werden. Allgemein betrachtet ist dies die Zeitspanne zwischen Eingang und Erfüllung eines Auftrags.

Nachfolgend werden die sieben verschiedenen Arten der Verschwendung erläutert, die im Lean Konzept definiert werden. Von Toyota geprägt, wird die Verschwendung oft in der Fachliteratur auch unter der japanischen Übersetzung „Muda" aufgeführt.

Tabelle 1 sieben Arten der Verschwendung

Bestand	Anzahl der gelagerten Materialen übersteigt die Kundenbedürfnisse
Bewegung	Bewegungen von Mitarbeiter/Material innerhalb eines Prozesses sind überflüssig
Nacharbeit	Prozess/Produkte müssen aufgrund von Qualitätsmängeln korrigiert werden
Prozesserfüllung	Ausgeführte Tätigkeiten tragen nicht zur Wertschöpfung bei
Transport	Materialen/Produkte werden unnötig bewegt
Überproduktion	Produkte werden zu früh oder in zu großer Menge hergestellt
Wartezeit	Zeitspanne, in der keine wertschöpfende Tätigkeit erfolgt, besteht

(Quelle: eigene Abbildung in Anlehnung an [Drew et al. 2004, S. 268]; [Töpfer 2009, S. 28])

5

Der Bestand eines Unternehmens soll also relativ gering gehalten werden. Grund dafür ist, dass sonst hohe Lagerkosten anfallen können. Es sollen also nur so viele Waren produziert werden, wie der Kunde auch tatsächlich benötigt. Andernfalls besteht die Gefahr, dass sich Restposten bilden.

Weiterhin sollen Waren während der Herstellungsphase nicht unnötig bewegt werden. Der Prozessablauf sollte also so gestaltet werden, dass die Mitarbeiter und Maschinen optimal eingesetzt werden.

Die hergestellten Produkte oder Prozesse sollten fehlerfrei sein und im besten Fall gar keine Nacharbeit mit sich ziehen. Um hohe Qualität der Waren zu erreichen, musste bspw. bei Toyota jeder Mitarbeiter das Laufband stoppen, wenn er an einem fehlerhaften Teilprodukt arbeitete. Danach war es Ziel, den Grund des Fehlers zu finden, ihn bis an seine Entstehung zurückzuverfolgen und diesen zu beseitigen. Dies führte dazu, dass zunächst die Maschinen oft gestoppt wurden. Die Tatsache, dass jeder Mitarbeiter und nicht nur ein Qualitätsbeauftragter das Förderband anhalten konnte, führte aber zu einem gesteigerten Qualitätsbewusstsein und reduzierte die Nacharbeit drastisch. [Womack et al. 1990, S.78-79]

Eine weitere Art von Verschwendung ist, wenn die ausgeführte Tätigkeit nicht zur Wertschöpfung beiträgt. Bei diesem Punkt sind Unternehmen oft Schwierigkeiten ausgesetzt, da Leistungen oft nicht genau erfassbar sind. Prozesse sind dann nicht derartig überschaubar, dass sie einfach in wertschöpfende und nicht wertschöpfende Tätigkeiten eingeordnet werden können. Ist dies der Fall sind Teilschritte für die Aufrechterhaltung des Betriebs notwendig. [Töpfer 2009, S. 28-29]

2.3 Vorgehensmodelle von Lean Management

Bei Lean Management gibt es keine sukzessive Vorgehensweise zur Verschlankung der Prozesse. Im Gegensatz zu Six Sigma gibt es kein einheitliches Phasenmodell mit verschiedenen Techniken und Werkzeugen für jeden Teilschritt. Dieser Zyklus von Six Sigma wird in Abschnitt 3.3 (vgl. unten Abschnitt 3.3, S. 12-13) vorgestellt. Dennoch gibt es eine grobe Vorgehensweise mit fünf Prinzipien, die helfen sollen, die Ziele der Lean Methode zu verwirklichen. Diese werden in nachfolgender Abbildung dargestellt.

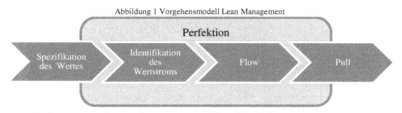

Abbildung 1 Vorgehensmodell Lean Management

(Quelle: eigene Abbildung in Anlehnung an [Womack/Jones 2006, S. 24-37]; [Töpfer 2009, S. 31])

Bei dieser Vorgehensweise gilt es zunächst den Wert zu spezifizieren. Die Spezifikation des Wertes ist der wichtigste Schritt in dem „leanen" Vorgehensmodell. Jedoch muss zuerst hinterfragt werden, was unter dem Begriff Wert verstanden wird. Nach dem Lean Ansatz kann nur der Kunde den Wert definieren. Dieser Wert sollte sich auf eine bestimmtes Produkt oder eine Dienstleistung beziehen. Es muss weiterhin geklärt werden, welche Absichten und Ziele der Kunde hat. So kann im bestenfalls festgestellt werden, welche Leistungen und Prozesse zur Befriedigung der Kundenbedürfnisse beitragen. Alle anderen Tätigkeiten, die für den Kunden dann keinen Wert liefern, gelten als Verschwendung und sind zu vermeiden. [Töpfer 2009, S. 30]

In einem zweiten Schritt ist der Wertstrom zu identifizieren. Der Wertstrom beinhaltet alle Tätigkeiten, die dazu beitragen, den oben genannten Wert zu erzeugen. Es umfasst also die Leistungen, die zur - den Kundenbedürfnissen entsprechenden - Herstellung des Produktes bzw. der Dienstleistung benötigt werden. Es ist mit hohem Aufwand verbunden, diesen Wertstrom für jedes einzelne Produkt zu erfassen und auszuwerten. Dies ist ein Grund, warum einige Unternehmen diesen Schritt zur effektiveren Prozessgestaltung nicht wagen. Die Analyse der einzelnen Wertströme würde aber helfen, drei verschiedene Arten von Tätigkeiten zu identifizieren. In nachfolgender Tabelle werden die Tätigkeiten in Hinblick auf ihren Beitrag zur Wertschöpfung klassifiziert.

Tabelle 2 unterschiedliche Tätigkeitsarten als Ergebnis der Wertstromanalyse

Beitrag zur Wertschöpfung	Beispiele
trägt bei	Nutzleistung, konkrete Materialverarbeitung
indirekt / unvermeidbar	Qualitätsüberprüfung, prozessstützende Maßnahmen
trägt nicht bei	Verschwendung, Fehlleistungen

(Quelle: eigene Abbildung in Anlehnung an [Womack/Jones 2004, S. 29])

Dieses Ergebnis wird dann dazu verwendet, Fehlleistungen im Unternehmen zu senken. Die Verschwendung wird durch die Wertstromanalyse aufgedeckt und kann so minimiert werden. Bestenfalls sollten auch die wertschöpfenden Tätigkeiten noch analysiert und weiter verbessert werden. [Womack/Jones 2004, S. 28-30]

Danach folgt das Prinzip des Flows (Flusses). Die Prozessschritte, die zur Wertschöpfung beitragen, müssen kontinuierlich ablaufen. Dieses Prinzip stellt einen Gegensatz zum klassischen Abteilungsdenken dar [Töpfer 2009, S. 31]. Die Organisation des Betriebs nach Abteilungen führt dazu, dass die wertschöpfenden Prozesse nicht in einem Fluss ablaufen. Dies hat Wartezeiten zur Folge, da jede Abteilung ihre Tätigkeiten intern versucht zu verbessern und den Gesamtprozess womöglich nicht mehr berücksichtigt. Die steigenden Wartezeiten sind auch auf unnötige Zwischenlagerung der Materialen zurückzuführen. Bei der Idee von Lean Production soll es deswegen zu einer Neustrukturierung der Aufgaben kommen. [Womack/Jones 2004, S. 30-34]

Nachfolgend muss im Pull-Prinzip versucht werden, genau diejenigen Produkte zu planen und zu herzustellen, die der Kunde wünscht. Es wird dem Kunden also keine Ware angeboten, sondern die Herstellung erfolgt nur, wenn er dieses veranlasst. So kann es wiederum nicht zur Verschwendung durch hohe Lagerhaltungskosten kommen. Auch hier wird der Gegensatz zur Massenfertigung deutlich, wo Waren oder Dienstleistungen in hoher Stückzahl angeboten werden. Durch dieses Prinzip ändert sich das Nachfrageverhalten der Kunden. Grund dafür ist, dass Kunden die Leistung fordern können, die ihren Bedürfnissen entspricht. So kann ein Betrieb Personal und Ressourcen auf die Kundenbedürfnisse anpassen und Fehlleistungen können vermieden werden. [Vater 2008, S. 12-13]

Abschließend folgt das Prinzip der Perfektion. Sind alle vier oben genannten Schritte des Lean Konzepts erfolgreich durchgeführt worden, führt dies zu einer schrittweisen Verbesserung des Prozessablaufs. Dies lässt sich in der Art begründen, da die Prinzipien von Lean Production von einander abhängen. So werden z. B. durch einen beschleunigten Wertfluss häufig neue Arten der Verschwendung im Wertstrom erkennbar. Um die Qualität des Ablaufs zu steigern, müssen die einzelnen Schritte transparent gestaltet werden. Lean Production fordert, dass die Prozesse für alle Beteiligten, also auch für Kunden und Zulieferer, transparent gestaltet werden. Werden diese Schritte berücksichtigt, nähert sich das Produkt immer mehr den konkreten Kundenwünschen an. [Womack/ Jones 2004, S. 36-37]

3.   Six Sigma

Six Sigma, in der Fachliteratur auch als „6σ" abgekürzt, ist neben Lean Production ein weiteres Konzept des Qualitätsmanagements und der Geschäftsprozessoptimierung. Weiterhin kann es aber auch als Qualitätsziel oder als unternehmensweite Strategie interpretiert und eingesetzt werden.

Der Name Six Sigma setzt sich zusammen aus dem englischen Wort für „sechs" (six) und dem griechischen Buchstaben „sigma" (σ). Dieser Begriff bezeichnet das angestrebte Qualitätsniveau der Methode. Es beträgt 3,4 Fehler pro einer Million Fehlermöglichkeiten. Basierend auf der Standardnormal-Verteilung nach Gauß fordert diese mathematische Betrachtungsweise so ein Qualitätsniveau von 99,99966 %. Auch wenn diese Zahl an fehlerfreien Prozessen oft aus wirtschaftlichen Gründen nicht sinnvoll ist, soll sich die Fehlerrate der Produkte bzw. der Prozesse an dieses Niveau annähern. [Töpfer/Günther 2007, S. 3]

Zunächst wird im darauffolgenden Teilabschnitt kurz auf die Geschichte des Qualitätsmanagementansatzes Six Sigma eingegangen. Danach folgt eine genauere Betrachtung der Grundlagen und Vorgehensmodelle dieses Ansatzes, wobei der Fokus auf dem DMAIC-Zyklus liegt.

3.1 Entstehung von Six Sigma

Das auf Kommunikationstechnik spezialisierte Unternehmen Motorola entwickelte Six Sigma 1987. Die Einführung dieses Konzepts im Bereich Qualitätssicherung verhalf Motorola maßgeblich dazu, die Güte ihrer Produkte zu steigern. Weiterhin trug Six Sigma dazu bei, dass dem amerikanischen Elektronikkonzern 1988 der „Baldrige National Quality Award" verliehen wurde. [Snee 2010, S. 9]

Einige amerikanische Großkonzerne, zum Beispiel General Electric und Allied Signal, führten Mitte der 1990er Jahre das Managementkonzept Six Sigma ein und machten dieses somit populär. Von den Erfolgen der US-Unternehmen geleitet, griffen auch europäische Firmen auf diese Möglichkeit der Qualitätssicherung zurück und führten Six Sigma als Qualitätsziel, Methode oder Managementkonzept ein. Mit der Gründung des European Six Sigma Clubs (ESSC) im Jahr 1999 wurde den Anwendern eine weitere Möglichkeit gegeben, Erfahrungen im Umgang mit Six Sigma auszutauschen. Den europäischen Unternehmen wurde so ein Forum geschaffen, in dem sie Six Sigma Projekte vergleichen, analysieren und weiterentwickeln konnten. Diese Einrichtung half mitunter die Akzeptanz gegenüber dem Einsatz von Six Sigma zu steigern. [Driel et al. 2007, S. 42-43]

3.2 Six Sigma Grundlagen

Nach der kurzen Einführung der Entstehung von Six Sigma folgt nun die Erläuterung der eigentlichen Grundlagen von Six Sigma. Dies soll dazu beitragen, vorab einige Begrifflichkeiten, die bei der Analyse der Fallstudien verwendet werden, zu erläutern.

Bei der Methode Six Sigma wird mit Hilfe von Kennzahlen und Messgrößen versucht, Prozesse möglichst fehlerfrei zu gestalten. Null-Fehler-Qualität ist eines der wichtigsten Ziele dieses Qualitätsmanagement Ansatzes.

Dies soll dazu führen, dass sowohl die Kundenzufriedenheit, als auch die Marktanteile des Unternehmens gesteigert werden. Darüber hinaus ist Six Sigma nicht nur eine Methode und ein Qualitätsziel, sondern kann auch als unternehmensweite Strategie eingesetzt werden. Strategisch gesehen soll Six Sigma dazu beitragen, unter Einbeziehung aller relevanten Daten, die operativen Prozesse eines Unternehmens zu analysieren und nachhaltig zu verbessern [Töpfer 2007, S. 45].

Um Six Sigma im Unternehmen durchzusetzen, werden bei diesem Modell zur Qualitätssicherung einige Rollen definiert. Diese ähneln dem Konzept verschiedener Gürtelfarben bei japanischen Kampfsportarten. Nachfolgend werden die hierarchisch aufgebauten Rollen und ihre Aufgaben beschrieben:

Tabelle 3 Rollen bei Six Sigma

Programm Sponsor	Bereitstellung von Ressourcen und Budget zur Six Sigma Umsetzung, Six Sigma als Hauptaufgabe, Mitglied des Vorstandes
Projekt Champion	Auftraggeber für Six Sigma Projekte, Bereitstellung von Ressourcen für Projekte, Überwachung des Projektfortschritt, Mitglied der Geschäftsleitung
Programm Leiter	Leitung der Six Sigma Umsetzung im Unternehmen, Ausrichtung von Six Sigma Projekten auf Unternehmensziele
Master Black Belt	Unterstützung von Black/Green Belts, Durchführung von Trainings, Betreuung von Projekten und den Projektmitgliedern, Vollzeitbeschäftigung mit Six Sigma
Black Belt	Leitung eines Projektes, Leitung von Projektplanung und –durchführung, Vollzeitbeschäftigung mit Six Sigma
Green Belt	Leitung kleinerer Projekte, Mitarbeit in Projekten, Unterstützung von Black Belt, Teilzeitbeschäftigung mit Six Sigma (ca. 40 % der Arbeitszeit)
Yellow Belt	Mitarbeit in Projekten, Unterstützung bei der Projektumsetzung, Teilzeitbeschäftigung in Six Sigma (ca. 20 % der Arbeitszeit)

(Quelle: eigene Abbildung in Anlehnung an [Börnhoft/Faulhaber 2007, S.19-28]; [Lunau et al. 2006, S.14-15])

Den Kernprozess des Six Sigma Ansatzes bildet der Qualitätszyklus Define, Measure, Analyze, Improve, Control (DMAIC). Dieser Zyklus bildet die Grundlage für nahezu alle Six Sigma Projekte und wird deshalb im nächsten Kapitel ausführlich beschrieben. Daneben gibt es noch weitere Qualitätszyklen, wie z.B. Define, Measure, Analyze, Design, Verify (DMADV) oder Define, Measure, Explore, Develop, Implement (DMEDI). Auch diese werden im nächsten Teilabschnitt kurz beschrieben.

3.3 Vorgehensmodelle bei Six Sigma

Six Sigma bietet zwei Arten von Vorgehensmodelle mit einer Vielzahl von Werkzeugen, die je nach Zielsetzung eingesetzt werden.

Sollen bereits bestehende Produkte bzw. Prozesse verbessert werden, wird der DMAIC-Zyklus verwendet. Gilt es, neue Produkte bzw. Prozesse zu entwickeln, kommt der DMADV-Zyklus bzw. das DMEDI-Vorgehensmodell zum Einsatz.

Es gibt noch weitere Abwandlungen dieser Zyklen von Six Sigma, die in der Gestaltung neuer Produkte eingesetzt werden. Diese werden nachfolgend nicht näher beschrieben, da sie auf die verschiedenen Branchen angepasste Abwandlungen von DMADV bzw. DMEDI darstellen.

Die Vorgehensmodellarten von Six Sigma bestehen aus unterschiedlichen Phasen, die nachfolgend beschrieben werden sollen, beginnend mit dem DMAIC-Modell.

Da der erste Teilabschnitt des DMAIC-Zyklus entscheidend ist, um das Qualitätsniveau zu steigern, wird dieser ausführlich beschrieben.

In der Define-Phase wird spezifiziert, wer die Kunden des Unternehmens sind, welche Bedürfnisse diese haben und wie die Anforderungen in den Prozessen optimal umgesetzt werden können. Zuerst müssen in diesem Abschnitt des DMAIC-Zyklus die Stimmen der Kunden eingeholt werden. Häufig wird auch die englische Bezeichnung, Voice of the Costumer (VOC), in den einzelnen Firmen und in der Literatur verwendet. Diese Kundenaussagen werden dann in einem nächsten Schritt in messbare Qualitätskriterien (CTQ) umgewandelt. Danach müssen die wichtigsten CTQs priorisiert werden, die direkt zur Optimierung des zu verbessernden Prozesses beitragen und umgesetzt werden können. Der letzte Schritt in der Define-Phase ist es, alle zuvor erhalten Daten in einem Dokument, dem Project Charter, festzuhalten. Darüberhinaus werden hier Informationen, die das Verbesserungsprojekt beschreiben, dokumentiert. Einige Beispiele hierfür sind: aktueller Zustand bzw. Ursachen des Problems, Ziele des verbesserten Projekts und Rollenverteilung im Projekt. [Toutenburg/Knöfel 2009, S. 43-60]

Der nächste Abschnitt im DMAIC-Zyklus ist die Measure-Phase. Ziel ist es hier, die in der Define-Phase priorisierten Kundenanforderungen als Output-Daten des konkreten Prozesses zu erfassen. Diese Daten müssen gesammelt werden, um sie im Analyze- Schritt auswerten zu können. Unter dem Einsatz statistischer Methoden können die Output-Messgrößen grafisch dargestellt werden. So wird das Qualitätsniveau des Prozesses sichtbar. Es wird also deutlich, wie viele Fehler im Prozess enthalten sind. Auch ist eine Kontrolle der Messgenauigkeit der Instrumente notwendig, um Fehler in der Datenerhebung zu vermeiden. [Lunau et al. 2006, S. 38]

In der Analyze-Phase werden die Prozessergebnisse untersucht. Es wird geprüft, welche Fehler entstehen und warum diese verursacht werden. Es wird auch versucht, folgende Frage zu beantworten: Welche Zusammenhänge zwischen den Eingabedaten, Ausgabedaten und dem eigentlichen Prozessablauf sind dafür verantwortlich, dass die Kundenbedürfnisse nicht ausreichend befriedigt werden können [Toutenburg/Knöfel 2009, S. 125]? In einem Ursache-Wirkungs-Diagramm wird beispielsweise versucht, diese Kausalitätskette, die zu dem Problem bzw. Fehlern führt, nachzuvollziehen.

Sind die Gründe für die Qualitätsverluste gefunden, wird in der Improve-Phase versucht, diese Probleme zu lösen. Die Verbesserungsmaßnahmen werden in diesem Teilschritt des Zyklus identifiziert und priorisiert [Töpfer 2007, S. 84]. Ziel ist es also, herauszufinden, welche Verbesserungen der Wertschöpfungskette dazu beitragen, das angestrebte Qualitätsniveau zu erreichen. Um dies zu erreichen, müssen verschieden Lösungswege getestet und ausgewertet werden. Weiterhin muss geprüft werden, ob diese Wege schließlich praktikabel und umsetzbar sind.

Sind die geeigneten Möglichkeiten zur Qualitätsverbesserung identifiziert, werden diese in der Control-Phase im konkreten Prozess überwacht. Der verbesserte Prozess wird hier durch stetige Kontrolle gefestigt. Dazu muss geprüft werden, ob die Verbesserungen dauerhaft die Produkt- bzw. Prozessqualität verbessern. [Töpfer 2007, S. 85]

Die zweite Art von Vorgehensmodellen ist der DMADV-Zyklus. Sinn dieses Modells ist es, ein neues Produkt von Beginn an mit Null-Fehler Qualität zu entwickeln. Dies ist sinnvoll, da die frühzeitige Erkennung von Fehlern hohe, später entstehende Folgekosten verhindern kann. Dieser Einsatz von Six Sigma bei der Entwicklung eines neuen Produkts oder Dienstleistung wird auch als „Design for Six Sigma (DFSS) bezeichnet. [Nollau/Benek 2004, S.78]

Diese Vorgehensmodelle werden in der unten aufgeführten Grafik knapp beschrieben. Dabei wird ihnen zusätzlich der DMEDI-Zyklus gegenübergestellt.

Tabelle 4 Übersicht DMAIC, DMEDI, DMADV

DMAIC	DMEDI	DMADV
Define: Definition des Projektziels und der Kunden	Define: ähnlich DMAIC	Define: ähnlich DMAIC
Measure: Erfassung von Prozessdaten	Measure: Erfassung von Kundenbedürfnissen	Measure: ähnlich DMEDI
Analyze: Aufdeckung der Ursachen des Problems	Explore: Erstellung von Kriterien zur Befriedigung der Kundenbedürfnisse	Analyze: Analyse der Kundenbedürfnisse anhand kritischer Faktoren
Improve: Verbesserung des Prozesses	Develop : Entwicklung unterschiedlicher Lösungen	Design: Entwicklung von Produkt und Prozess
Control: Überwachung des verbesserten Prozesses	Implement: Umsetzung der besten Lösung	Verify: Beurteilung, ob Produkt dem Kundenwunsch entspricht

(Quelle: eigene Abbildung in Anlehnung an [Jessenberger 2009, S.298]; [Nollau/Bennek 2004, S.78-79])

4.   Lean Six Sigma

Lean Six Sigma ist ein Zusammenschluss der QM-Methoden Lean Production und Six Sigma. Dieses Konzept vereint die Ziele der beiden Methoden. Einerseits sollen die Prozesse frei von Verschwendung sein und eine kurze Durchlaufzeit aufweisen. Andererseits ist es von Bedeutung, dass die Prozesse eine hohe Qualität besitzen und nahezu fehlerfrei ablaufen [Töpfer/Günther 2009, S. 3]

[George et al. 2007, S. 14-15] nennt vier Schlüssel für den Erfolg mit Lean Six Sigma. Zum einen ist es wichtig, die Kundenbedürfnisse zu befriedigen. Dies geschieht, indem Dienstleistungen besser und in kürzerer Zeit angeboten werden. Dafür müssen die Prozesse durch Fehlerbeseitigung verbessert werden. Außerdem ist es für das Unternehmen wichtig, dass die Mitarbeiter als Team auftreten. Dies fördert die gemeinsame Ideengenerierung und somit die Lösung des Problems. Abschließend sollen alle Entscheidungen, die getroffen werden durch Daten und Fakten gestützt sein. Um Lean Six Sigma erfolgreich ein- und umzusetzen genügt es nicht, wenn nur einige dieser Kriterien umgesetzt werden. Alle Faktoren müssen berücksichtigt werden und optimal zusammenspielen. Nur so kann Lean Six Sigma zum Erfolg im Unternehmen beitragen. Folgendes Schaubild soll dazu dienen, dies noch einmal zu verdeutlichen:

Abbildung 2 Faktoren für eine erfolgreiche Umsetzung von Lean Six Sigma

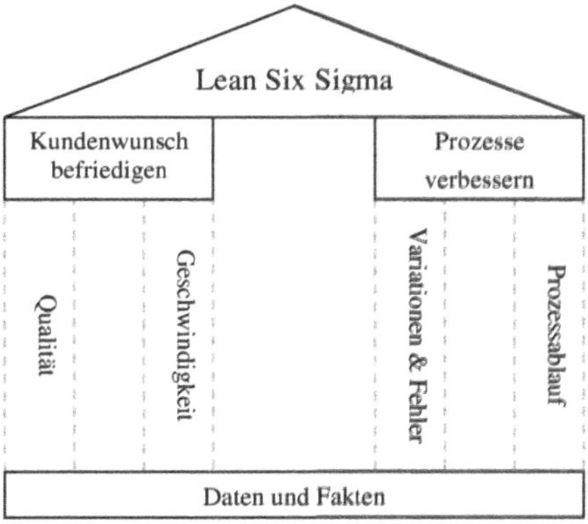

(Quelle: eigene Abbildung in Anlehnung an: [George et al. 2007, S.16]

Werden diese Kriterien berücksichtigt, kann die Leistung innerhalb eines Betriebs verbessert werden. Laut [Snee 2010, S. 11] setzt sich diese Leistung aus Qualität, Kosten und aus der Zufriedenheit der Kunden bzw. Zulieferer zusammen.

4.1   Gemeinsamkeiten der Methoden Lean und Six Sigma

In diesem Unterpunkt sollen Gemeinsamkeiten der beiden QM-Methoden aufgezeigt werden. Somit wird dargestellt, warum sich Lean und Six Sigma vorteilhaft zu einer Methode zusammenschließen lassen.

Lean Management und Six Sigma verfügen in etwa über dieselbe Absicht, wenn auch in unterschiedlicher Weise. Beide Methoden beschäftigen sich mit der Lösung von Problemen im Unternehmensumfeld [Weckheuer/Hennes 2009, S. 254]. Sie zielen also darauf ab, den Prozessablauf in einem Unternehmen zu optimieren.

Beide Methoden versuchen dies mit Hilfe von Teamarbeit zu erreichen. Die Zusammenarbeit in Gruppen zählt zu den Hauptmerkmalen von Lean Management. Um Six Sigma Projekte erfolgreich umzusetzen, ist auch hier eine entsprechende Zusammenarbeit der Projektmitglieder notwendig. [Dahm/Haindl 2009, S. 101]

Weiterhin besitzen beide Methoden eine ähnliche Auffassung der Fehler in Prozessen. Nach [Dahm/Haindl 2009, S.101] wird bei Lean Management jeder Fehler als störend für den Prozessablauf aufgefasst. Diese Fehlerdefinition wird auch in der geforderten Null-Fehler-Qualität von Six Sigma verwirklicht. Weiterhin ist es Ziel beider Konzepte, diese Fehler bereits vor ihrer Entstehung zu erkennen und zu beseitigen. [Dahm/Haindl 2009, S. 101]

4.2   Unterschiede der Methoden Lean und Six Sigma

Dieser Unterpunkt soll eine Ausführung der Unterschiede der beiden Methoden Lean und Six Sigma bieten. Laut [Snee 2010, S. 12] ist es jedoch nicht produktiv, die beiden QM-Ansätze miteinander zu vergleichen. Seiner Meinung nach ist es nicht sinnvoll, zu klären, welche Werkzeuge zu welcher der beiden Methoden gehören. Nach [Snee 2010, S. 12] ist dies nicht notwendig, da Lean Management als auch Six Sigma beide ausschließlich auf eine Prozessverbesserung abzielen.

Um ein besseres Verständnis für Lean Six Sigma zu schaffen, ist es dennoch nützlich, beide Methoden miteinander zu vergleichen. Weiterhin soll durch die unterschiedlichen Ansätze der beiden QM-Methoden klar werden, warum diese sich sinnvoll ergänzen. In nachfolgender Tabelle werden einige wesentlichen Unterschiede von Lean Management und Six Sigma aufgeführt.

Tabelle 5 wesentliche Unterschiede von Lean Management und Six Sigma

Lean Management	Six Sigma
Oberstes Ziel: Schnelle Durchlaufzeiten und Reduzierung von Verschwendung	Oberstes Ziel: hohe Qualität der Produkte und fehlerfreie Prozesse
Rollenverteilung: nicht klar definiert	Rollenverteilung: durch Belts klar festgelegt
Vorgehensmodell: kein einheitlicher Ablauf, aber fünf Prinzipien zur Vorgehensweise	Vorgehensmodell: stets gleicher Ablauf durch DMAIC-Zyklus (bzw. DMEDI/DMADV)
Gewünschtes Ergebnis: standardisierte schlanke Prozesse	Gewünschtes Ergebnis: fehlerfreie Prozesse und Produkte

(Quelle: eigene Abbildung in Anlehnung an [Töpfer/Günther 2009, S. 8]

5. Vergleichskriterien

Um die Fallstudien analysieren zu können, werden Vergleichskriterien festgelegt. Die soll dazu beitragen, die Praxisbeispiele zum Einsatz von Lean Six Sigma auswerten zu können. Es wird somit eine Möglichkeit geschaffen, die unterschiedlichen Szenarien aus der Unternehmenswelt einheitlich zu betrachten.

Die Schwierigkeit hierbei besteht bei der Auswahl geeigneter Vergleichskriterien. Ein Grund dafür ist die unterschiedliche Absicht der Fallstudien. Die Kriterien müssen dementsprechend so gewählt werden, dass aus den Fallstudien eine hohe Anzahl an Vergleichen gewonnen werden kann.

5.1 Allgemeine Vergleichskriterien

Zunächst werden die allgemeinen Vergleichskriterien beschrieben. Diese liefern eine Übersicht über die Unternehmen, die Lean Six Sigma einsetzen. So kann ein von den konkreten QM-Methoden unabhängiger Überblick geschaffen werden. Dennoch können hier, indirekt Rückschlüsse auf den Einsatz von Lean Six Sigma gezogen werden. Somit kann z. B. geklärt werden, ob Lean Six Sigma nur in einer bestimmten Art von Unternehmen einsetzbar ist. Die allgemeinen Vergleichskriterien werden in Branche, Mitarbeiterzahl und Umsatz untergliedert.

5.1.1 Branche

Bei diesem ersten allgemeinen Kriterium soll geklärt werden, zu welchem Zweig der Betrieb gehört, der Lean Six Sigma einsetzt. Die ausgewählten Beispiele aus der Praxis, werden auf ihre Branchenzugehörigkeit untersucht, um zu klären, ob Lean Six Sigma in unterschiedlichen Wirtschaftszweigen eingesetzt wird.

5.1.2 Mitarbeiterzahl

Als nächstes wird die Anzahl der Mitarbeiter der jeweiligen Unternehmen untersucht. Es stellt sich hier die Frage, ob eine bestimmte Anzahl an Angestellten erforderlich ist, um Lean Six Sigma zu implementieren. Die Mitarbeiteranzahl zeigt dann an, wie groß Unternehmen in etwa sind, die Lean Six Sigma einsetzen. Dadurch soll geprüft werden, ob sich der Einsatz von Lean Six auf Großkonzerne beschränkt oder ob auch klein- und mittelständische Unternehmen diese QM-Methode benutzen.

5.1.3 Umsatz

Als letztes allgemeines Vergleichskriterium wird der Umsatz verwendet. Dabei wird der Umsatz des Unternehmens in einem Jahr aufgeführt. Nach [Gabler, o. J.] ist der Umsatz die „Summe der in einer Periode verkauften, mit ihren jeweiligen Verkaufspreisen bewerteten Leistungen". Dadurch soll wiederum die Möglichkeit geschaffen werden, die einzelnen Konzerne durch die Fallstudien auf ihre Größe und Wichtigkeit hin zu untersuchen.

5.2 Methodenspezifische Vergleichskriterien

Nach dem Fallstudienvergleich anhand allgemeiner Kriterien, folgt der methodenspezifische Vergleich. Die methodenspezifischen Vergleichskriterien beziehen sich direkt auf die Einführung und den Einsatz von Lean Sigma, während die allgemeinen Vergleichskriterien eher darauf abzielen, die vorgestellten Unternehmen miteinander zu vergleichen. Die methodenspezifischen Vergleichskriterien werden in Art des Einsatzes, Einführungsjahr, Hauptmotive für die Einführung der Methode, kritische Erfolgsfaktoren, eingesetzte Vorgehensmodelle und Schulungen unterteilt.

5.2.1 Art des Einsatzes

Zunächst wird überprüft, auf welche Art Lean Six Sigma eingesetzt wird. Hierbei wird der Umfang des Einsatzes der QM-Methode im Betrieb beleuchtet. So soll die Frage beantwortet werden, ob die ganze Unternehmenskultur nach Lean Six Sigma ausgerichtet ist oder sich nur ein kleinerer Teil des Betriebes mit der Methode des Qualitätsmanagements beschäftigt.

5.2.2 Einführungsjahr

Dieser Punkt der methodenspezifischen Vergleichskriterien nennt das Jahr der Einführung von Lean Six Sigma in den jeweiligen Fallstudien. Die Betrachtung des Einführungsjahrs trägt dazu bei, Trends und Entwicklungen beim Einsatz der QM-Methode zu erkennen.

5.2.3 Hauptmotive für die Einführung der Methode

Bei diesem Unterpunkt werden die wesentlichen Gründe für die Einführung von Lean Sigma aufgeführt. Ob Parallelen bei den wesentlichen Motiven für die Umsetzung des Konzeptes bestehen, wird hier zu klären versucht. Die unter diesem Vergleichskriterium aufgeführten Motive sind diejenigen Ziele, die in den Fallstudien ausdrücklich genannt werden.

5.2.4 Kritische Erfolgsfaktoren

Anschließend werden die kritischen Erfolgsfaktoren, die die Unternehmen in den Fallstudien definiert haben, genannt. Allgemein gesprochen sind dies die Faktoren, von denen der Unternehmenserfolg maßgeblich abhängig ist [Zeuge 2001, S. 101]. Im Bezug auf dieses Beispiel werden darunter diejenigen Faktoren verstanden, die für eine erfolgreiche Umsetzung des Lean Six Sigma Ansatzes von besonderer Bedeutung waren. Wird nur einer dieser Aspekte nicht ernsthaft und nachhaltig umgesetzt, kann es bei der Umsetzung der QM-Methode zu Schwierigkeiten kommen [Jessenberger 2009, S. 287].

5.2.5 Eingesetzte Vorgehensmodelle

Daraufhin wird geprüft, welche Vorgehensmodelle von Lean und Six Sigma in den jeweiligen Fallstudien eingesetzt werden. Es stellt sich die Frage, aus welchen der beiden QM-Methoden die Vorgehensmodelle eingesetzt werden. Es ist also zu klären, ob der DMAIC-Zyklus (bzw. DMEDI, DMADV) oder die Prinzipien des Lean Management mit der Wertstromanalyse häufiger eingesetzt werden. Die Vorgehensmodelle von Lean Production werden in Abschnitt 2.3 (vgl. oben Abschnitt 2.3, S. 6-9), die von Six Sigma in Abschnitt 3.3 (vgl. oben Abschnitt 3.3, S. 12-14) beschrieben.

5.2.6 Rollen

Bei diesem methodenspezifischen Vergleichskriterium werden die eingesetzten Rollen betrachtet. Hier wird geprüft, wie die Verantwortlichkeiten in den einzelnen Unternehmensszenarien festgelegt werden. Zusätzlich werden Ähnlichkeiten zwischen den verwendeten Rollenkonzepten untersucht. Die Rollenkonzepte von Six Sigma werden unter dem Abschnitt Grundlagen von Six Sigma erläutert (vgl. oben Abschnitt 3.2, S. 11).

5.2.7 Schulungen

Abschließend werden die Schulungen verglichen, die zur Umsetzung von Lean Six Sigma eingesetzt wurden. Welche Maßnahmen wurden durchgeführt, um die Mitarbeiter optimal an das neue Konzept der kontinuierlichen Prozessverbesserung heranzuführen? Weiterhin stellt sich die Frage, auf welche Art die Mitarbeiter in ihren festgelegten Rollen geschult wurden.

6. Evaluation der Fallstudien

In diesem Abschnitt werden die Fallstudien anhand der Vergleichskriterien miteinander verglichen. Dies soll bezwecken, Gemeinsamkeiten aus den Praxisbeispielen abzuleiten. Ziel ist es, zu prüfen, ob eine einheitliche Vorgehensweise bei der Einführung von Lean Six Sigma besteht. Weiterhin wird versucht, die Frage zu beantworten, welche der zwei QM-Methoden vermehrt die Umsetzung von Lean Six Sigma bestimmt.

6.1 Literaturfindung

Zunächst wird jedoch die Herkunft der Fallstudien geklärt. Dazu liefert die nachfolgende Tabelle einen Überblick. Hier werden das Unternehmen, der Name und die Quelle der Fallstudien angegeben.

Tabelle 6 Überblick über Herkunft der Fallstudien

Unternehmen	Name der Fallstudie	Quellen
Xerox	Einführung von Lean Six Sigma bei Xerox	[Jessenberger 2009, S. 281-303]
Lilly	Bedeutung und Messung der Unternehmenskultur für Lean Six Sigma bei Lilly Deutschland	[Stache/Töpfer 2009, S. 323-350]
GE Money	The implementation of lean Six Sigma in financial services organizations	[Delgado et al., 2010, S. 512-523]
ITT Corp.	Lean Sigma bei der ITT Corp.	[Dahm/Haindl 2009, S. 117-118]
ScottishPower	Lean Sigma bei ScottishPower	[Dahm/Haindl 2009, S. 118-119]
Swiss Life	Lean Sigma bei der Swiss Life	[Dahm/Haindl 2009, S. 122-123]
Hachette UK	Implementation of Lean Six Sigma at Hachette UK	[Welch 2010]

(Quelle: eigene Abbildung)

Auffällig hierbei ist, dass die herangezogene Literatur zur Bewertung der Fallstudien aus den Jahren 2009 und 2010 stammt. Die ausschließliche Verwendung von gegenwartsnahen Beispielen ist mitunter darauf zurückzuführen, dass Lean Six

Sigma ein relativ neuer Qualitätsmanagement Ansatz ist. Dieser fand zunehmend erst zu Beginn des 21. Jahrhunderts Verbreitung (vgl. unten Abschnitt 6.3, S. 26-27).

Die Problematik, die sich hierbei ergibt, ist die Auswahl geeigneter Fallstudien. Zum Einen ist die Anzahl an Fallstudien bei der - sich erst etablierenden - QM-Methode Lean Six Sigma begrenzt. Die unterschiedlichen Arten von Fallstudien erschweren andererseits die Sammlung geeigneter Vergleichskriterien. Die Kriterien müssen in der Art gewählt werden, dass aus den Fallstudien die größtmögliche Anzahl an Vergleichen gezogen werden kann. Daraus folgt, dass ein Abgleich von Fallstudien und Vergleichskriterien notwendig ist. Es ist kaum möglich, die Vergleichskriterien festzulegen und dann nach passenden Fallbeispielen zu suchen. Das Sammeln von Vergleichskriterien und die Suche nach Fallstudien müssen vielmehr gleichzeitig ablaufen.

6.2   Vergleich der Fallstudien

Nach der Beschreibung der Grundlagen der Methoden zur Prozessverbesserung und der Bestimmung der Vergleichskriterien, folgt in diesem Abschnitt der Vergleich der ausgewählten Fallstudien. Dies soll einen Überblick schaffen, wie Lean Six Sigma in der Praxis eingesetzt wird.

Tabelle 7 Evaluation der Fallstudien (1/2)

Kriterien\Unternehmen	Xerox	Lilly	GE Money	ITT Corp.
Allgemeine Kriterien				
Branche	Technologie & Office-Dienstleistungen	Pharmazie	Infrastruktur, Finanzen und Medien	Lieferant von Pumpensystemen
Mitarbeiteranzahl	57.400 (2007)	42.000 (2006)	304.000 (2009)	ca. 40.000 (2007)
Umsatz	17,2 Mrd.USD (2007)	15,7 Mrd.USD (2006)	157 Mrd. USD (2009)	9 Mrd. USD (2007)
Methodenspezifische Kriterien				
Art des Einsatzes	Unternehmensweite Strategie	Unternehmensweite Strategie	Unternehmensweite Strategie	Unternehmensweite Strategie
Einführungsjahr	2002	2004	1998	1999
Hauptmotive	Vermeidung von Umsatzrückgängen, Erfüllung von Kundenbedürfnissen	Erhöhung der Qualität, Steigerung der Produktivität, Abbau von Verschwendung	Wirtschaftliche Erfüllung der Kundenbedürfnisse, Marktführer Bleiben	Steigerung der Qualität, Steigerung der Kundenzufriedenheit, Verschlankung der Prozesse
Kritische Erfolgsfaktoren	Engagement der Unternehmensführung, Bereitstellung von Ressourcen, Auswahl geeigneter Projekte, Disziplin bei der Umsetzung	Engagement der Mitarbeiter, Veränderungsbereitschaft, Kundenorientierung	Engagement der Unternehmensführung, Auswahl qualifizierter Mitarbeiter, Bereitschaft zum Kulturwandel	Konsequente Definition der Ziele, Kundenorientierung
Vorgehensmodelle	DMAIC, DMEDI	DMAIC	DMAIC, DMADV, Wertstromanalyse	DMAIC
Rollen	Jährlich steigende Anzahl an: Master Black Belts, Black Belts, Green Belts, Deployment Manager, Yellow Belts	Jährliche Wellen mit Ausbildung von Black Belts, im zweiten Jahr nach der Einführung: Green und Yellow Belts	Jährlich steigende Anzahl an: Master Black Belts, Black Belts, Green Belts	Zunächst Ausbildung von Black Belts, dann Green Belts und weitere Black Belts
Schulungen	Grundausbildung für alle Mitarbeiter, Rollenspezifische Trainings	Rollenspezifische Trainings	Rollenspezifische Trainings, Förderung von Schlüsselarbeitern	Rollenspezifische Trainings

Tabelle 8 Evaluation der Fallstudien (2/2)

Kriterien/Unternehmen	ScottishPower	Swiss Life	Hachette UK
Allgemeine Kriterien			
Branche	Energie	Versicherungen	Buchverleger
Mitarbeiteranzahl	ca. 10.000 (2006)	7.820 (2009)	ca. 900 (2009)
Umsatz	ca. 500 Mio.GBP (2006)	11,987 Mrd. CHF (2009)	keine Angabe
Methodenspezifische Kriterien			
Art des Einsatzes	QM-Methode, später Strategie	Pilotprojekt, Entwicklung zur Strategie	Pilotprojekt, Entwicklung zur Strategie
Einführungsjahr	2001	2005	2009
Hauptmotive	Kostensenkungen, Steigerung der Produktivität, Optimierung des Kundennutzens	Erhöhung der Servicequalität, Erhöhung der Kundenzufriedenheit	Wirtschaftliche Erfüllung der Kundenbedürfnisse, Marktführer bleiben
Kritische Erfolgsfaktoren	Engagement der Unternehmensführung, Kundenorientierung	Kundenorientierung, konsequente Definition der Ziele	Engagement der Unternehmensführung, Auswahl geeigneter Projekte
Vorgehensmodelle	DMAIC, Wertstromanalyse	DMAIC	DMAIC, Wertstromanalyse, Push, Pull
Rollen	Jährlich steigende Anzahl an: Master Black Belts, Black Belts, Green Belts	Black Belts, Green Belts	Projekt Champion, Black Belts, Green Belts
Schulungen	Rollenspezifische Trainings	Workshops, Schulung durch externen Master Black Belt, Zertifizierungen	Schulung der Führungsebene, dann Abteilungsleiter

6.3 Auswertung

Die Auswertung der Fallstudien erfolgt horizontal. In diesem Beispiel bedeutet dies, dass die Kriterien nacheinander abgearbeitet werden. Für jedes Kriterium werden dann die verschiedenen Unternehmen miteinander verglichen. Dies soll helfen, Ähnlichkeiten im Einsatz von Lean Six Sigma erkennen zu können. Auf diese Art kann zwar keine standardisierte Vorgehensweise zum Einsatz von Lean Sigma entwickelt werden. Dennoch liefert diese Auswertung einen Anhaltspunkt, wie die QM-Methode eingesetzt wird. Zunächst werden die allgemeinen Kriterien ausgewertet.

Zu Beginn der Auswertung werden die Branchen, in denen Lean Sigma eingesetzt wird, betrachtet. Hier wird deutlich, dass Lean Six Sigma in verschiedenen Branchen eingesetzt wird. Lean Management und Six Sigma stammen ursprünglich aus der Fertigungsindustrie. Die Verbindung der beiden Methoden wird mittlerweile als Lean Six Sigma auch in der Finanz- und Dienstleistungsbranche eingesetzt [Bornhöft/Faulhaber 2007, IX]. Daraus ergibt sich, dass die Einführung von Lean Six Sigma in vielen Unternehmen, die Dienstleistungen anbieten, möglich ist.

Nachfolgend wird die Anzahl der Mitarbeiter und der Umsatz der Fallbeispiele untersucht. Alle Unternehmen weisen eine hohe Anzahl an Mitarbeitern und einen großen Umsatz auf. Sie beschäftigen mehrere tausend Mitarbeiter. Der Umsatz beträgt bei nahezu allen Fallbeispielen mehrere Milliarden Dollar. Weiterhin ist zu erwähnen, dass diese Großkonzerne jeweils zu den führenden Unternehmen in ihrem Bereich gehören.

Lediglich die Fallstudie von Hachette UK hat mit ca. 900 Mitarbeitern eine vergleichsweise geringe Mitarbeiteranzahl. Bei diesem Beispiel handelt es sich um eine Zweigstelle des großen Mutterkonzerns Hachette Livre. Dieser ist mit ca. zwei Milliarden Euro Umsatz pro Jahr unter den bedeutendsten Verlagsgruppen weltweit.

Werden die Werte der allgemeinen Vergleichskriterien betrachtet, wird ersichtlich, dass international tätige Großkonzerne Lean Six Sigma erfolgreich einsetzen. Daraus folgt jedoch nicht, dass bei kleineren Unternehmen Lean Six Sigma nicht einsetzbar ist.

Es gibt einige beispielhafte Faktoren, die dazu beitragen, dass klein- und mittelständische Betriebe bei der Auswertung der Fallstudien fehlen: Bei einigen Kleinbetrieben besteht fehlende Kenntnis über die genauen Prozessabläufe. Dies erschwert die Einführung von Methoden zur Prozess- und Qualitätsverbesserung. Weiterhin ist fraglich, ob überhaupt Kapital und Verständnis für die Umsetzung von Qualitätskonzepten vorhanden sind. Wird in einem mittelständischen Dienstleistungsbetrieb Lean Six Sigma dennoch erfolgreich umgesetzt, kann es am Interesse für dieses Unternehmensbeispiel fehlen. In Fallstudien werden hauptsächlich Beispiele von bedeutenden Großunternehmen aufgenommen.

Nachfolgend sollen die methodenspezifischen Kriterien ausgewertet werden. Zunächst wird die Art des Einsatzes betrachtet. Hierbei setzen die Fallbeispiele Xerox, Lilly, GE Money und ITT Corp. Lean Six Sigma als unternehmensweite Strategie ein. Die Führungsebene richtet seine Unternehmenskultur also nach den Prinzipien von Lean Six Sigma aus. Der Energiekonzern ScottishPower hingegen setzte Lean Six Sigma zunächst als Methode ein. Später wurde die QM-Methode auch hier auf ein unternehmensweites Konzept ausgeweitet. In den letzten beiden Fallbeispielen wurde Lean Sigma zunächst als Pilotprojekt gestartet. Als diese erfolgreich verliefen, wurde beschlossen die Methodik auf die Konzerne auszuweiten. Dies begann, z. B. bei Swiss Life mit der Schulung weiterer Mitarbeiter [Dahm/Haindl 2009, S. 123].

Lean Six Sigma kann folglich auf unterschiedliche Weise eingesetzt werden. Zum Einen kann es Top-Down eingeführt werden, also beginnend von der Unternehmensführung hin bis zur Schulung des „einfachen" Mitarbeiters. Aber auch eine Bottom-Up-Vorgehensweise ist möglich. In den hier benutzten Beispielen beginnt dieser Ansatz mit der Lean Six Sigma Ausbildung einzelner Mitarbeiter. Diese sind in einem Pilotprojekt tätig. Bei erfolgreichem Verlauf wird der Ansatz nach und nach ausgeweitet. Schließlich orientiert sich dann auch die Unternehmensführung nach den Lean Sigma Prinzipien. [vgl. Bornhöft/Faulhaber 2007, S. 106]

Anschließend werden die Einführungsjahre des Lean Six Sigma Konzeptes verglichen. Im Jahr 1998 führte GE Money als erster von den aufgeführten Konzernen die Methode Lean Six Sigma ein. Das aktuellste Beispiel aus den

Fallstudien ist Hachette UK. Dort begann die Umsetzung im Jahr 2009. Lean Six Sigma wird also ca. seit Beginn des 21. Jahrhunderts eingesetzt. Von den Erfolgen der Großkonzerne geleitet, wird die Anzahl der Lean Sigma Implementierungen in den kommenden Jahren mit Sicherheit steigen.

Im folgenden Unterabschnitt werden die Hauptgründe für die Einführung des Konzepts zur Qualitätsverbesserung beleuchtet. Die unten aufgeführte Tabelle gibt Aufschluss über die Hauptmotive und wie oft diese in den Fallstudien angesprochen werden.

Tabelle 9 Hauptmotive für die Einführung von Lean Six Sigma

Hauptmotive	Anzahl der Nennungen
Befriedigung der Kundenbedürfnisse	6
Steigerung der Qualität	3
Steigerung der Produktivität	2
Marktführer bleiben	2
Verschlankung der Prozesse	1
Abbau von Verschwendung	1
Kostensenkung	1

(Quelle: eigene Abbildung)

Auffallend ist, dass bei sechs der sieben Fallstudien die Befriedigung der Kundenbedürfnisse als Hauptmotiv für Lean Six Sigma genannt wird. Dies ist darauf zurückzuführen, dass sowohl Lean Management, als auch Six Sigma Kundenorientierung als Grundeinstellung lehren. Weiterhin ist die Erfüllung der Kundenwünsche auch eines der Hauptziele von Lean Six Sigma [George 2002, S. 16]. Die Steigerung der Qualität hingegen wird von drei der sieben Fallstudien genannt. Dieses Hauptmotiv für die Einführung ist eher der Six Sigma Methode zuzuordnen. Weiterhin wird die Steigerung der Produktivität bei zwei Unternehmensbeispielen aufgeführt. Dieser Punkt ist sehr allgemein formuliert. Die Steigerung der Produktivität wird zwar überwiegend von Lean Production, aber auch von Six Sigma verfolgt. Die Einführung von Lean Six Sigma, um Marktführer zu bleiben, ist ein unternehmensspezifischer Punkt und ist deshalb nicht einer QM-Methode zurechenbar. Dieser Grund wird zweimal aufgeführt. Nachfolgend werden zwei Prinzipien von Lean Management als Hauptmotive für den Einsatz von Lean Six Sigma genannt. Die Verschlankung der Prozesse und der Abbau von

Verschwendung werden lediglich einmal als Motive aufgeführt. Weiterhin nennt die Fallstudie ScottishPower die Senkung der Kosten ausdrücklich als gewünschtes Ergebnis. Hierbei wird deutlich, dass einige aufgeführte Motive voneinander abhängig sind. Wird es z. B. erreicht, Verschwendung im Unternehmen abzubauen, werden folglich auch Kosten eingespart.

Im folgenden Unterabschnitt werden die kritischen Erfolgsfaktoren, die in den Fallstudien genannt werden, aufgeführt. Die Faktoren und die Anzahl der Nennungen in den Praxisbeispielen werden in nachfolgender Tabelle aufgeführt.

Tabelle 10 kritische Erfolgsfaktoren bei der Einführung von Lean Six Sigma

Kritische Erfolgsfaktoren	Anzahl der Nennungen
Kundenorientierung	4
Engagement der Unternehmensführung	4
Veränderungsbereitschaft	2
Konsequente Definition der Ziele	2
Auswahl geeigneter Projekte	2
Disziplin bei der Umsetzung	1
Engagement der Mitarbeiter	1
Auswahl geeigneter Mitarbeiter	1
Bereitstellung von Ressourcen	1

(Quelle: eigene Abbildung)

Ähnlich wie bei den Hauptmotiven, steht auch bei den kritischen Erfolgsfaktoren die Kundenorientierung im Vordergrund. Dies wird bei vier von sieben Beispielen ausdrücklich genannt. Wird der Kunde beim Einsatz von Lean Six Sigma nicht ausreichend berücksichtigt, kann dies die Umsetzung erschweren.

Weiterhin muss das Management die Einführung der Methode Lean Sigma unterstützen. Dazu ist z. B. eine gezielte Schulung der Unternehmensführung notwendig. Wird Lean Six Sigma als unternehmensweite Strategie eingesetzt, ist dieser Aspekt von großer Bedeutung. Bei dieser Einsatzart von Lean Six Sigma muss die Unternehmensführung von Beginn an die QM-Methode unterstützen. So muss ein ständiger Austausch zwischen den Mitgliedern der Führungsebene und externen Partnern stattfinden, um die Lean Sigma Initiative umzusetzen. [Jessenberger 2009, S. 287]

Im Unternehmen muss zusätzlich Veränderungsbereitschaft bestehen. Dieser Aspekt wird in zwei Fallstudien explizit genannt. Nur wenn die Führungsebene und die Mitarbeiter bereit sind, die Vorgehensweise der neuen Methode umzusetzen und diese akzeptieren, kann Lean Sigma erfolgreich eingeführt werden. Auch hier wird deutlich, dass dieser Erfolgsfaktor z. B. vom Engagement der Unternehmensführung bzw. der Mitarbeiter abhängig ist.

Bei zwei Fallbeispielen wird die genaue Festlegung der Ziele als kritischer Faktor für die erfolgreiche Einführung von Lean Six Sigma genannt. Es muss festgelegt werden, welche Absicht durch den Einsatz der QM-Methode verfolgt wird. Als Beispiel soll die Fallstudie des Unternehmens ITT Corp. dienen. Hier war es Ziel, die Prozesse und Produkte genau nach den Kundenwünschen zu gestalten [Dahm/Haindl 2009, S. 117-118].

Auch der Punkt, dass geeignete Projekte ausgewählt werden müssen, ist in zwei Unternehmensszenarien dargestellt. Um ein Projekt auf seine Lean Six Sigma Tauglichkeit zu prüfen, müssen einige Fragen beantwortet werden. Diese beziehen sich z. B. auf Machbarkeit, Messbarkeit, Verfügbarkeit von Ressourcen und notwendige Investitionen [Bornhöft/Faulhaber 2007, S. 110]. Können diese Fragen positiv beantwortet werden, kann mit der Implementierung des Lean Sigma Projektes begonnen werden.

Es folgen vier weitere kritische Erfolgsfaktoren mit jeweils einer Nennung. Diese lauten: Disziplin bei der Umsetzung, Engagement der Mitarbeiter, Auswahl geeigneter Mitarbeiter und Bereitstellung von Ressourcen.

In diesem Fall bedeutet Disziplin den Einsatz festgelegter Vorgehensweisen und Kontrollen. Außerdem sollen stetige Trainings den Einsatz von Lean Sigma fördern. In der Fallstudie von Xerox wird diese festgelegte Vorgehensweise durch die Six Sigma Zyklen DMAIC bzw. DMEDI [vgl. Jessenberger 2009, S. 296-298].

Auch die Beteiligung der Mitarbeiter am Lean Sigma Projekt spielt eine Rolle. Nicht nur die Unternehmensführung soll von der QM-Methode überzeugt sein, sondern auch die Projektmitglieder. Diese Projektmitglieder sollen außerdem entsprechende Kenntnisse besitzen. Deshalb ist es für die Zusammenstellung eines Projektteams notwendig, geschultes Personal auszuwählen und einzusetzen. Auch die

Bereitstellung geeigneter Ressourcen beinhaltet die Auswahl geeigneten Personals. Darüberhinaus zählt zu diesem letzten, aufgeführten Erfolgsfaktor die Bereitstellung von Budget für die Umsetzung der QM-Methode.

Als nächstes werden die Vorgehensmodelle, die in den Fallstudien eingesetzt werden, untersucht. Diese werden - nach der Anzahl ihres Auftretens sortiert - in nachfolgender Tabelle dargestellt.

Tabelle 11 Vorgehensmodelle bei der Einführung von Lean Six Sigma

Eingesetzte Vorgehensmodelle	Anzahl der Nennungen
DMAIC	7
Wertstromanalyse	3
DMEDI	1
DMADV	1
Push	1
Pull	1

(Quelle: eigene Abbildung)

Die Dominanz des DMAIC-Zyklus wird bei dieser Betrachtung deutlich. In allen untersuchten Fallstudien kommt das Vorgehensmodell von Six Sigma zum Einsatz. Der DMAIC-Zyklus gibt mit seinen Phasen Define, Measure, Analyze, Improve, Control eine feste Vorgehensweise vor. Jede Phase bietet eine Vielzahl von Techniken und Werkzeugen. So wird durch diesen Bestandteil von Six Sigma eine Basis geschaffen, die auf Fakten aufbaut [Dahm/Haindl 2009, S. 101].

Die Analyse des Wertstroms wird bei drei Fallstudien zusätzlich zum DMAIC-Zyklus verwendet. Dieses Prinzip lässt sich Lean Management zuordnen. Lean besitzt keinen genau festgelegten Vorgehensweg. Dennoch gibt es Prinzipien, die nach [Womack/Jones 2006, S. 24-37] grob den Ablauf von Lean Production bestimmen. Hier wird der Begriff Analyse des Wertstroms als Oberbegriff für diese Prinzipien verstanden.

In jeweils einer Fallstudie werden die Six Sigma Zyklen DMADV bzw. DMEDI ausdrücklich in den Fallstudien erwähnt. Diese geben, wie das DMAIC-Vorgehensmodell, einen festen Ablauf zur Umsetzung vor. Sie werden dazu eingesetzt, um einen neuen Prozess bzw. ein neues Produkt von Beginn an mit hoher

Qualität zu gestalten. Besteht das Wissen zur erfolgreichen Umsetzung eines DMAIC-Zyklus, werden vermutlich in der Zukunft auch DMEDI oder DMADV im Unternehmen angewendet. Deshalb wirkt die Anzahl dieser beiden Zyklen zur Prozessneugestaltung etwas gering. Es ist möglich, dass diese Six Sigma Vorgehensweisen als Abwandlung des DMAIC-Modells nicht explizit in den Fallstudien aufgeführt werden. Ist dies nicht der Fall und die Unternehmen setzen diese Vorgehensmodelle nicht ein, besteht eine hohe Wahrscheinlichkeit, dass diese in der Zukunft eingeführt werden.

Lediglich in der Fallstudie von Hachette UK werden die Prinzipien Push und Pull genannt. Diese zwei Begriffe sind den Vorgehensprinzipien von Lean Production zuzuordnen. Es ist jedoch möglich, dass diese auch bei denjenigen Fallstudien verwendet werden, die die Wertstromanalyse als Vorgehensmodell angeben. Die Analyse des Wertstroms kann als Oberbegriff für die nach [Womack/Jones 2006, S. 24-37] definierten Prinzipien verstanden werden.

Danach werden die in den Unternehmensbeispielen eingesetzten Rollen verglichen. Dabei wird deutlich, dass die Rollenkonzepte von Six Sigma auch in der Lean Six Sigma Methode angewandt werden. Dies bestätigt auch die Aussage von [Dahm/Haindl 2009, S. 103]. Nach dieser stimmt die Rollenverteilung von Six Sigma mit der von Lean Six Sigma überein. Der Ansatz von Lean Production besitzt keine fest definierten Verantwortlichkeiten, weshalb das Rollenkonzept von Six Sigma eingesetzt wird.

Besonders wichtig scheint hier, die Ausbildung von Black Belts zu sein. In allen Fallstudien werden diese eingesetzt. Die Ausbildung von Black Belts ist bei allen Unternehmensbeispielen der erste Schritt bei der Festlegung von Verantwortlichkeiten. Auch die Rollen von Green Belts sind bei allen sieben Fallstudien vorhanden. Die Schulung von Green Belts findet entweder parallel zur Ausbildung der Black Belts statt oder sie läuft zeitlich kurz nach dem Lehrgang für Black Belts ab. Die Weiterbildungen werden meist von externen Master Black Belts durchgeführt. In den Unternehmen Xerox, GE Money und ScottishPower werden zusätzlich Master Black Belts ausgebildet. Diese können dann die Lean Six Sigma Initiative im Unternehmen verbreiten. So müssen nach deren erfolgreicher Ausbildung keine externen Trainer mehr angestellt werden. Um die Green Belts zu unterstützen, werden in zwei Unternehmensbeispielen zusätzlich Yellow Belts eingesetzt. Darüberhinaus erfolgt der Einsatz von weiteren Verantwortlichkeiten. Diese gehören meist der Führungsebene an und werden benötigt, um den Einsatz von Lean Six Sigma in der Unternehmensführung zu verankern.

Weiterhin ist auffällig, dass die Anzahl der eingesetzten Belt Konzepte in allen Fallstudien kontinuierlich steigt. Besteht eine gute Basis an gut ausgebildeten Belts, können diese wiederum die Schulung weiterer Lean Six Sigma Mitarbeiter im eigenen Unternehmen übernehmen. So können z. B. Black Belts weitere Green Belts ausbilden. Dies führt nach und nach zu einer Schulung einer Vielzahl von Mitarbeitern im Unternehmen.

Als letzter Punkt werden die Arten der Schulungen verglichen, welche zur Umsetzung von Lean Six Sigma eingesetzt werden. Um die Belt Konzepte in den einzelnen Unternehmen zu verwirklichen, werden dazu logischerweise entsprechende Schulungen eingesetzt. Diese rollenspezifischen Lehrgänge werden bei allen der untersuchten Fallstudien eingesetzt. Wird Lean Six Sigma von Beginn an als unternehmensweite Strategie verstanden, ist eine Einweisung aller Mitarbeiter in die Grundlagen der QM-Methode sinnvoll. Dies ist z. B. bei dem Unternehmensbeispiel von Xerox der Fall. Die Schulungen können auf viele unterschiedliche Arten realisiert werden. So setzt Swiss Life z. B. Workshops ein. Bei erfolgreichem Abschluss eines Lehrgangs werden die Mitarbeiter abschließend zertifiziert.

7.   Schluss

Ziel dieser Arbeit war es, den Einsatz von Lean Six Sigma in der Praxis zu untersuchen. Dazu wurden Fallstudien, die die Umsetzung dieser QM-Methode beinhalten, miteinander verglichen. Dies sollte helfen, Gemeinsamkeiten beim Einsatz von Lean Six Sigma in der Praxis zu erkennen.

Zunächst wurden dazu die Methoden Lean Management und Six Sigma beschrieben. Dazu wurden jeweils die Entstehung, einige Grundlagen und die Vorgehensmodelle der beiden Konzepte separat beschrieben. Mit der Beschreibung von Lean Six Sigma wurde das zur Auswertung der Fallstudien benötigte Grundwissen geschaffen. Anschließend wurden Vergleichskriterien festgelegt und definiert. Dazu parallel fand die Suche nach Fallstudien, die den Einsatz von Lean Six Sigma im Unternehmen beschreiben, statt. Anschließend wurden die Unternehmensbeispiele verglichen und auf Gemeinsamkeiten untersucht.

Dabei wurden folgende Ergebnisse deutlich: Vor allem Großkonzerne mit einer großen Mitarbeiteranzahl und einem sehr hohen jährlichen Umsatz setzen Lean Six Sigma erfolgreich ein. Wird diese QM-Methode umgesetzt, geschieht dies meist als unternehmensweite Strategie. Andere Konzerne starten zunächst Pilotprojekte. Verlaufen diese erfolgreich, wird Lean Six Sigma nach und nach auf das gesamte Unternehmen ausgeweitet. Die Methode wird zunehmend seit den späten 1990er Jahren eingesetzt und findet rasche Verbreitung. Zu den Hauptgründen für die Einführung der Lean Sigma Initiative zählt die Befriedigung der Kundenbedürfnisse. Die Unternehmen zielen also hauptsächlich darauf ab, ihre Produkte, aber auch ihre Prozesse, nach den Wünschen der Kunden auszurichten. Auch die Steigerung der Qualität wird von den Großkonzernen als Motiv für die Einführung von Lean Six Sigma genannt. Daneben spielen weitere wirtschaftliche Faktoren eine Rolle für die Einführung von Lean Six Sigma. Als Beispiel hierfür, soll die Steigerung der Produktivität dienen. Die Wichtigkeit der Kunden beim Einsatz von Lean Six Sigma spiegelt sich auch bei kritischen Erfolgsfaktoren wieder. Für eine erfolgreiche Umsetzung des Konzepts ist es wichtig, dass die Unternehmen ihre Geschäftsprozesse nach den Bedürfnissen der Kunden ausrichten. Von Beginn der Implementierung des Konzepts an, muss die Unternehmensführung diese Methode zur Qualitätssteigerung unterstützen. Für den Erfolg von Lean Six Sigma müssen weiterhin konkrete Ziele definiert und die richtigen Projekte ausgewählt werden. Das am meisten verwendete Vorgehensmodell bei Lean Sigma ist der DMAIC-Zyklus. Dieser ist Teil der QM-Methode Six Sigma. Dieses Vorgehensmodell wird teilweise durch die Vorgehensprinzipien von Lean Management ergänzt. Diese Prinzipien von Lean Production werden häufig unter dem Oberbegriff der Wertstromanalyse zusammengefasst. Bei den Verantwortlichkeiten werden die Rollenkonzepte von Six Sigma eingesetzt. Durch diese Rollenverteilungen werden die Aufgaben in Lean Six Sigma Projekten klar festgelegt. Dabei ist die Ausbildung von Black und Green Belts zu Beginn der Einführungsphase von Lean Six Sigma von besonderer Bedeutung. Die Anzahl dieser Belt Konzepte steigt in allen Unternehmen durch entsprechende Lehrgänge kontinuierlich an. Diese Schulungen können auf verschiedene Art und Weise durchgeführt werden.

Zusammenfassend geht aus dieser Arbeit hervor, dass Six Sigma durch das festgelegte Vorgehensmodell und die statistischen Messverfahren eine dominierende Rolle bei Lean Six Sigma spielt. Die Tatsache, dass die Verantwortlichkeiten auch nach den Six Sigma Rollen festgelegt werden, bekräftigt diese Aussage. Dennoch bietet Lean Management bedeutsame Möglichkeiten, Six Sigma sinnvoll zu ergänzen. Hierbei ist vor allem die Wertstromanalyse zu nennen. Weiterhin führen einige Grundlagen von Lean Management, wie z. B. die Vermeidung von Verschwendung, grundlegende Vorteile zur Weiterentwicklung von Six Sigma mit sich.

Im folgenden Unterabschnitt wird sich kritisch mit der Problemstellung der Arbeit auseinandergesetzt. Da es keinen einheitlichen Standard bei der Umsetzung von Lean Six Sigma gibt, wurden in dieser Ausarbeitung Praxisbeispiele miteinander verglichen und ausgewertet. Dabei wurde deutlich, welche Unternehmen, Lean Six Sigma auf welche Art und Weise einsetzen. Einige Parallelen wurden dabei aufgezeigt.

Dennoch ist es kaum möglich, daraus auf einen allgemeinen Standard zur Umsetzung von Lean Six Sigma zu schließen. Dies ist darauf zurückzuführen, dass die Unternehmen verschiedene Absichten verfolgen. Um diese Absichten zu erreichen, kann Lean Six Sigma unterschiedlich eingesetzt werden. Die Unternehmen, die diese

QM-Methode einsetzen, weisen auch unterschiedliche Voraussetzungen bezüglich des Einsatzes von Methoden zur Qualitätssteigerung auf. Die Frage, die sich daraus ergibt, ist, welche QM-Methoden die Unternehmen bereits umgesetzt haben. Sind bereits erste Erfahrungen im Umgang von Lean Management oder Six Sigma gemacht, verläuft die Einführung von Lean Sigma auf andere Weise ab. So können die gemachten Erfahrungen im Umgang der neuen QM-Methode genutzt werden. Ist in einem Unternehmen beispielsweise bereits Six Sigma implementiert, kann diese Methode mit Hilfe von Lean Prinzipien erweitert werden.

Abschließend wird ein Ausblick auf die weitere Entwicklung von Lean Six Sigma gegeben. Hierbei ist zu erwähnen, dass die in der Praxis gemachten Erfahrungen im Umgang mit Lean Six Sigma noch begrenzt sind. Dies ist darauf zurückzuführen, dass der Ansatz erst seit ca. zehn Jahren umgesetzt wird (vgl. oben Abschnitt 6.3, S. 26-27).

Die Anzahl an Veröffentlichungen zum Thema Lean Six Sigma nimmt aber zu. Nicht nur in der Literatur, sondern auch in den Zeitungen werden Artikel zu diesem Thema zunehmend veröffentlicht. Weiterhin ist es auch vorstellbar, dass zukünftig in den Hochschulen die Lean Six Sigma Methode gelehrt wird. Dies würde zu einer weiteren Verbreitung dieser Methodik führen. [Dahm/Haindl 2009, S.139]

Ein weiterer Grund, der für die steigende Anzahl von Lean Six Sigma Einführungen spricht, ist, dass die Unternehmen sich immer mehr an den Wünschen der Kunden orientieren müssen. Hohe Produktqualität allein entscheidet nicht über den Erfolg der Unternehmen. Vielmehr muss Kenntnis über die genauen Vorstellungen der Kunden bestehen. Dies ist darauf zurückzuführen, dass eine Entwicklung zu einer wissensbasierten Wirtschaft stattfindet [Dahm/Haindl 2009, S. 17]. Durch verbesserte Informations- und Kommunikationsmöglichkeiten haben Kunden die Möglichkeit, Produkte auszuwählen, die exakt ihren Wünschen entsprechen. Deshalb wird die Kundenorientierung für den Unternehmenserfolg immer bedeutender. Ein Hauptziel von Lean Six Sigma ist es, genau diese Kundenbedürfnisse zu befriedigen. Deshalb werden beim Einsatz von Lean Six Sigma die Prozesse und die Waren nach den Kundenwünschen entsprechend gestaltet.

Aus diesen Gründen wird die Anzahl an Lean Six Sigma Umsetzungen in den kommenden Jahren zunehmen. Die Popularität der QM-Methode steigt und auch die Notwendigkeit dieses Ansatzes nimmt zu. Dies führt wiederum zu einer Zunahme von Lean Six Sigma Implementierungen. Dadurch entstehen auch mehr Erfahrungen und Beispiele beim Einsatz von Lean Six Sigma.

Literaturverzeichnis

[Bornhöft/Faulhaber 2007]

  Bornhöft, F., Faulhaber, N.: *Lean Six Sigma erfolgreich implementieren,*
  Frankfurt School Verlag, Frankfurt am Main 2007.

[Dahm/Haindl 2009]

  Dahm, M., Haindl C.: *Lean Management und Six Sigma – Qualität und
  Wirtschaftlichkeit in der Wettbewerbsstrategie,* Erich Schmidt Verlag,
  Berlin 2009.

[Delgado et al. 2009]

  Delgado, C., Ferreira, M., Branco, M. C.: *The implementation of lean Six
  Sigma in financial services organizations,* in: Journal of Manufacturing
  Technology Management, Band 10, Ausgabe 4, 2010, S. 512-523.

[Drew et al. 2004]

  Drew, J., McCallum, B., Roggenhofer, S.: *Journey to Lean: Making
  Operational Change Stick,* Palgrave Macmillan Verlag, New York et al.
  2004.

[Driel et al. 2007]

  Driel, P. v., Kotte, W., Rudberg, P.: *Beschleunigung der Verbreitung von
  Six Sigma in   Europa durch den European Six Sigma Club Six Sigma,*
  in: Töpfer, A. (Hrsg.): Six Sigma: Konzeption und Erfolgsbeispiele für
  praktizierte Null-Fehler-Qualität, 4. Auflage, Springer Verlag, Berlin
  2007, S. 41-44.

[Gabler, o. J.]

  Gabler (Hrsg.): *Kurzerklärung Umsatz, o. J.,*
  http://wirtschaftslexikon.gabler.de/Definition/umsatz.html (Zugriff:
  03.08.2010)

[Gendo/Konschak 1999]

  Gendo, F., Konschak, R.: *Mythos Lean Production: Die wahren
  Erfolgskonzepte japanischer Unternehmen,* Verlag Betrieb & Wirtschaft,
  Essen 1999.

[George 2002]

  George, M.: *Lean Six Sigma: Combining Six Sigma Quality with Lean
  Spead,* McGraw Hill Verlag, New York et al. 2002.

[George et al. 2007]

       George, M., Rolands, D., Kastle, B.: *Was ist Lean Six Sigma?*, Springer
       Verlag, Berlin et al. 2007.

[Jessenberger 2009]

       Jessenberger, J.: *Einführung von Lean Six Sigma bei Xerox*, in: Töpfer,
       A. (Hrsg.): Lean Six Sigma: Erfolgreiche Kombination von Lean
       Management, Six Sigma und Design for Six Sigma, Springer Verlag,
       Berlin 2009, S.281-303.

[Lunau et al. 2006]

       Lunau, S. (Hrsg.), John, A., Meran, R., Roenpage, O., Staudter, C.: *Six
       Sigma+Lean Toolset: Verbesserungsprojekte erfolgreich durchführen*,
       2.Auflage, Springer Verlag, Berlin 2007.

[Nollau/Bennek 2004]

       Nollau, H.-G. (Hrsg.), Bennek, D.: *Qualitätsmanagement mit der Six
       Sigma-Methode*, in: Reihe: Econonomy and Labour Band 7, Eul Verlag,
       Lohmar 2004.

[Snee 2010]

       Snee, R.D.: *Lean Six Sigma – getting better all the time*, in:
       International Journal of Lean Six Sigma, Band 1, Ausgabe 1, 2010, S. 9-
       29.

[Stowasser et al. 1998]

       Stowasser, J. M., Petschenig, M., Skutsch, F.: *Stowasser – lateinisch –
       deutsches Schulwörterbuch*, Auflage 1998, R. Oldenburg Verlag,
       München 1998

[Thode 2003]

       Thode, S.: *Integration in unternehmensinternen sozialen Beziehungen.
       Theoretischer Ansatz, Operationalisierung und Bewertung der
       Umsetzung durch moderne Organisationskonzepte*, Deutscher
       Universitätsverlag,Wiesbaden 2003.

[Toutenburg/Knöfel 2009]

       Toutenburg, H., Knöfel, P.: *Six Sigma – Methoden und Statistik für die
       Praxis*, 2. Auflage, Springer Verlag, Berlin 2009.

[Töpfer 2007]

Töpfer, A.: *Six Sigma als Projektmanagement für höhere Kundenzufriedenheit und bessere Unternehmensergebnisse,* in Töpfer, A. (Hrsg.): Six Sigma: Konzeption und Erfolgsbeispiele für praktizierte Null-Fehler-Qualität, 4. Auflage, Springer Verlag, Berlin 2007, S. 45-99.

[Töpfer 2009]

Töpfer, A.: *Lean Management und Six Sigma: Die wirkungsvolle Kombination von zwei Konzepten für schnelle Prozesse und fehlerfreie Qualität,* in Töpfer, A. (Hrsg.): Lean Six Sigma: Erfolgreiche Kombination von Lean Management, Six Sigma und Design for Six Sigma, Springer Verlag, Berlin 2009, S. 25-67.

[Töpfer/Günther 2007]

Töpfer, A., Günther, S.: *Steigerung des Unternehmenswertes durch Null-Fehler-Qualität als strategisches Ziel: Überblick und Einordnung der Beiträge,* in Töpfer, A. (Hrsg.): Six Sigma: Konzeption und Erfolgsbeispiele für praktizierte Null-Fehler-Qualität, 4. Auflage, Springer Verlag, Berlin 2007, S. 3-40.

[Töpfer/Günther 2009]

Töpfer, A., Günther, S.: *Mehrere Wege zu verschwendungsfreien Prozessen und Null-Fehler-Qualität: Einführung und Überblick über die Beiträge,* in Töpfer, A. (Hrsg.): Lean Six Sigma – Erfolgreiche Kombination von Lean Management, Six Sigma und Design for Six Sigma, Springer Verlag, Berlin 2009, S. 4-23.

[Vater 2008]

Vater, A.: *Vom Lean Management zum Lean Hospital – Führungskompetenzen für Pflegekräfte in verschlankten Klinikstrukturen,* Grin Verlag, Norderstedt 2008.

[Weckheuer/Hennes 2009]

Weckheuer, K., Hennes, M.: *Erfolgreiche Weiterentwicklung des Six Sigma-Konzeptes zu Lean Six Sigma in einem Unternehmen der chemischen Industrie,* in Töpfer, A. (Hrsg.): Lean Six Sigma – Erfolgreiche Kombination von Lean Management, Six Sigma und Design for Six Sigma, Springer Verlag, Berlin 2009, S. 259-264.

[Welch 2010]

    Welch, C.: *Implementation of Lean Six Sigma at Hachette UK,* 2010, http://www.siliconbeachtraining.co.uk/downloads/lean-six-sigma-case-study-download.pdf (Zugriff: 10.08.2010)

[Womack et al. 1990]

    Womack, J., Jones T., Roos, D.: *The Machine That Changed The World,* MacMillan Verlag, Toronto et al. 1990.

[Womack/Jones 2004]

    Womack, J., Jones, T.: *Lean Thinking – Ballast abwerfen, Unternehmensgewinne steigern,* Campus Verlag, Frankfurt/New York 2004.

[Womack/Jones 2006]

    Womack, J., Jones, T.: *Lean Solutions: Wie Unternehmen und Kunden gemeinsam Probleme lösen,* Campus Verlag, Frankfurt/New York 2006.

[Zeuge 2001]

    Zeuge, J.: *Entwicklung eines Methodenbaukastens zur Integration des Kunden in den Dienstleistungsprozess,* Grin Verlag, Norderstedt 2001.